CURSUS

Prüfungstraining 1
für Schulaufgaben/Klassenarbeiten

Ausgabe A/B/N, Lektion 1–20

Herausgegeben von
Prof. Dr. Friedrich Maier und Dr. Stephan Brenner

Bearbeitet von
Michael Hotz und Prof. Dr. Friedrich Maier

Oldenbourg
C.C. Buchner
Lindauer

Cursus, Ausgabe A/B/N – Unterrichtswerk für Latein

herausgegeben von Prof. Dr. Friedrich Maier und Dr. Stephan Brenner
und bearbeitet von
Britta Boberg, Reinhard Bode, Dr. Stephan Brenner, Prof. Andreas Fritsch, Michael Hotz, Prof. Dr. Friedrich Maier, Wolfgang Matheus, Ulrike Severa, Hans Dietrich Unger, Dr. Sabine Wedner-Bianzano, Andrea Wilhelm

Berater: Hartmut Grosser

Die Veröffentlichung dieser Hilfen zur Vorbereitung auf Schulaufgaben/Klassenarbeiten wäre nicht möglich geworden, wenn nicht Kolleginnen und Kollegen von ihnen erarbeitete Prüfungsaufgaben bereitwillig zur Verfügung gestellt hätten. Diese sind hier, mehr oder minder verändert, zusammengestellt und mit Lösungen versehen worden. Herausgeber und Bearbeiter bedanken sich ganz herzlich bei den „Aufgabenstellern", u. a. bei Josef Braun, Andrea Brem, Christian Czempinski, Birgitta Elendner, Dr. Thomas Feicht, Eva Friedel, Arndt Galleithner, Stefan Koll, Dr. Michaela Krell, Karin Laqua, Daniel Lauber, Jürgen Proske, Arthur Rost, Maria und Hans Dietrich Unger, Brigitte Würth.

Redaktion: Andrea Forster, Cornelia Franke (Assistenz)
Illustration: Michael Heinrich, Coburg
Umschlagkonzept: Mendell & Oberer, München
Umschlag: Groothius, Lohfert, Consorten GmbH, Hamburg
Umschlagfotos vorne: Reinhard Bode, Baden-Baden; akg-images/Peter Conolly; Johannes Breyer, Weiden i. d. Opf.
hinten: Hans Dietrich Unger, Bad Brückenau; Interfoto, München
Technische Umsetzung: Satzkiste GbR, Stuttgart

www.oldenbourg.de/osv
www.ccbuchner.de

1. Auflage, 7. Druck 2013

Alle Drucke dieser Auflage sind inhaltlich unverändert
und können im Unterricht nebeneinander verwendet werden.

Druck: H. Heenemann, Berlin

ISBN 978-3-637-00743-7 (Oldenbourg Schulbuchverlag)
978-3-7661-5377-7 (C.C. Buchners Verlag)
978-3-87488-743-4 (J. Lindauer Verlag)

Inhalt gedruckt auf säurefreiem Papier aus nachhaltiger Forstwirtschaft.

Vorwort

Liebe Schülerinnen und Schüler!

Ein bekanntes Sprichwort aus der Antike lautet: „Die Götter haben vor den Erfolg den Schweiß gesetzt."

Das meint: Wenn man bei der Arbeit oder im Sport ein gutes Ergebnis erzielen will, muss man sich vorher gehörig anstrengen. Das gilt für den Körper ebenso wie für den Geist. Beim einen muss man Kraft, Schnelligkeit und Ausdauer trainieren, beim anderen Kenntnisse, Genauigkeit und Kombinationsfähigkeit.

Prüfungen sind z. B. solche „Wettkämpfe", wo sich eure Fähigkeiten bewähren sollen.
Und da ihr dabei sicher erfolgreich sein wollt, bereitet ihr euch durch Wiederholung und Übung intensiv darauf vor. Man kann diese Vorbereitung auch ganz gezielt gestalten.
Wie ein Astronaut vor dem ersten Weltraumflug im Simulator die Anforderungen des Ernstfalls trainiert, so habt ihr im vorliegenden „Prüfungstraining" die Möglichkeit, den Ernstfall der Prüfung zu simulieren, d. h. ihr könnt euch, was Form und Schwierigkeitsgrad der Lateinprüfung (Schulaufgabe/Klassenarbeit) anbelangt, gezielt vorbereiten und euren Wissensstand selbst testen. Denn die Aufgaben sind jeweils genau auf die Lektionsstoffe des CURSUS in Wortschatz, Grammatik und Sachteil abgestimmt. Für jede der vier Unterrichtsphasen sind jeweils acht Prüfungsaufgaben vorhanden – also genügend Gelegenheiten zum Trainieren.

Zu einem gut geplanten Trainingsprogramm gehört es, dass man sich für die Trainingseinheit eine Zeitgrenze setzt. Dabei sollten euch pro Einheit 40 bis 45 Minuten ausreichen. Wenn ihr diesen Zeitrahmen bei jeder Trainingseinheit einhaltet, bekommt ihr auch ein Gefühl für das richtige „Zeitmanagement" während der Prüfung.

Die Trainingseinheiten bestehen entweder aus einer reinen Übersetzung oder aus einem Übersetzungs- und einem Aufgabenteil, wobei der Aufgabenteil in die drei Bereiche *Sprache*, *Grundwissen* und *Antike Kultur* unterteilt ist. Dies soll euch zur besseren Orientierung innerhalb des Aufgabenteils dienen, außerdem könnt ihr so die gesamte Bandbreite eurer Lateinkenntnisse überprüfen.
Für die Bearbeitung des Aufgabenteils solltet ihr etwa ein Viertel bis ein Drittel der gesamten Zeit, also ca. 10–15 Min., einplanen.

Die Lösungen zu den einzelnen Aufgaben findet ihr ebenso wie die deutschen Übersetzungen der lateinischen Texte im beigelegten Lösungsteil. Er soll euch zur Kontrolle eurer Arbeitsergebnisse dienen, aber auch dazu, eventuell vorhandene Wissenslücken zu beseitigen. Schreibt euch z. B. alle Vokabeln, die ihr nicht gewusst habt, mit allen Bedeutungen in einer Liste zusammen oder erstellt eine „Grammatik-Checkliste" mit allen Formen, Konstruktionen etc., bei denen ihr Wissenslücken oder auch nur Unsicherheiten bemerkt habt, und arbeitet sie mithilfe eures Buches und der Grammatik noch einmal gründlich durch. Auf diese Weise könnt ihr euren Trainingsplan optimieren und seid dann, wenn es darauf ankommt, fit für jede Prüfung.

Übrigens: Wenn ihr wissen wollt, mit welcher Note in etwa ihr die einzelne Trainingseinheit abgeschlossen habt, könnt ihr auf der Tabelle, die am Beginn des Lösungsteils aufgeführt ist, nachschauen.

Viel Erfolg bei der Arbeit in eurem „Latein-Trainingslager“ wünschen euch

die Verfasser.

1 Übersetzung (ohne Zusatzaufgabe) bis Lektion 4

Ein Vorfall beim Wagenrennen

1. Populus iam diu hic est et spectaculum equorum exspectat.
2. Tandem senator signum dat et statim cuncti[1] tacent.
3. Flavia clamorem non iam audit.
4. Quintum rogat: „Quid est, Quinte? Cur populus tacet. Cur tacetis?“
5. Quintus: „Tace et tu, Flavia! Ecce! Imperator et consules apparent.“
6. Nunc imperator signum dare cogitat, cum[2] subito cessat.
7. Homines rident et clamant. Nam parvus[3] canis appropinquat, stat, latrat[4].
8. Equi timent, periculum vident, equitibus[5] non parent.
9. Etiam Quintus clamat et ridet. Flavia valde gaudet neque lacrimas tenet. 78 LW

*1) **cuncti**: alle 2) **cum**: als 3) **parvus**: klein 4) **latrare**: bellen 5) **equitibus**: den Reitern*

2 Übersetzung (ohne Zusatzaufgabe) bis Lektion 4

Auf zum Wagenrennen!

1. Quintus Flaviam amicam exspectat; nam cum Flavia[1] in Circum Maximum properare cogitat.
2. Tandem Flavia procul apparet.
3. Nunc Quintus gaudet et ridet.
4. Flavia cito appropinquat et Quintum salutat.
5. Amicus et amica Circum Maximum intrant; ibi iam multi[2] homines sunt.
6. Tum Flavia rogat: „Ubi est imperator Hadrianus?“
7. Quintus respondet: „Ibi est. Nunc imperator signum dat.“
8. Aurigae[3] equos incitant. Statim equi parent.
9. Quintus: „Certe tibi[4], Flavia, ardor equorum placet.“
10. Flavia respondet: „Equos non timeo. Sed clamor populi mihi[5] non placet!“
11. Tum Quintus: „Neque mihi[5] placet furor hominum.“ 84 LW

*1) **cum Flavia**: mit Flavia 2) **multi**: viele 3) **aurigae**: die Wagenlenker 4) **tibi**: dir 5) **mihi**: mir*

3 A) Übersetzung bis Lektion 3

Was sagt Flavius Lepidus nach dem Befehl des Kaisers?

1. Provinciam administrare debeo. Sed cur non gaudeo? Non valde placet in insulam Cretam navigare.
2. Nam ibi pericula sunt. Amici procul sunt. Sed imperator iubet.
3. Statim parere debemus. Ubi estis, servi et servae? Cur non venitis? Cur non properatis?
4. Raedam[1] parare debetis. Creta nos[2] exspectat. Quid timetis? Non iam cessare debemus.
5. Ecce, Flavia! Etiam te Creta vocat. Sed quid est? Cur lacrimas non tenes?“ 63 LW

*1) **raeda**: Reisewagen 2) **nos**: uns*

B) Aufgabenteil

▷ SPRACHE

1. a) Du triffst am Morgen einen Freund. Begrüße ihn auf Lateinisch. 2 BE

   ____

   b) Was sagst du auf Lateinisch, wenn du mehrere Freunde begrüßen willst?

   ____

2. Wandle die angegebenen Formen um. 3 BE

   asinus ▷ Akkusativ Singular = ______________________________

   donum ▷ Akkusativ Plural = ______________________________

   deos ▷ Nominativ Singular = ______________________________

3. Bilde die passende Form des Verbs. 3 BE

   Quid (**apportare**), amici? ______________________________

   Ego amicam (**vocare**). ______________________________

   Tu amicum (**audire**). ______________________________

4. Zahlreiche Wörter im Englischen kann man auf lateinische Vokabeln zurückführen. Gib zu den folgenden englischen Wörtern das zugrunde liegende lateinische Wort an. 2 BE

   silence = ______________________________

   to **respond** = ______________________________

▷ GRUNDWISSEN

5. Wie nennt man die Veränderung (Beugung) von Substantiven und wie diejenige von Verben? 2 BE

   ____

   ____

Antike Kultur

6. Ergänze die fehlenden Wörter im Lückentext. 4 BE

Marcus besucht seinen Freund Flavius. Flavius erwartet ihn schon und steht im ____________________, der Eingangshalle der Villa. Nachdem Flavius, der ____________________, also das Oberhaupt der Familie, seinen Gast begrüßt hat, legt Marcus seine ____________________, das Obergewand aus einem großen Stück Stoff ab und beide gehen in den Speiseraum, das ____________________, wo schon die Sklaven mit dem Essen warten.

7. Erkläre, warum bei den antiken Römern eine Stunde unterschiedlich lang sein konnte. 2 BE

____

____

____

Gesamt: 18 BE

4 A) Übersetzung

bis Lektion 3

Gemischte Gefühle

1. Diu Quintus amicam et amicos exspectat. Non iam placet exspectare.
2. Cur non veniunt? Ubi sunt?
3. Subito Quintus procul equum videt; eques cito appropinquat.
4. Eques: „Imperator iubet Gnaeum Domitium Romam properare."
5. Quid est? Quintus stat, tacet; nam pericula timet.
6. Nunc Gnaeus Domitius apparet et rogat: „Quis es?"
7. Nuntius respondere non cessat: „Nuntium imperatoris[1] apporto."
8. Tum Gnaeus Domitius gaudet et statim matronam vocat.
9. „In Cretam navigamus! Ibi provinciam administrare paro."
10. Sulpicia atque Quintus non rident, sed lacrimas tenent. 76 LW

1) *imperatoris*: des Kaisers

B) Aufgabenteil

Sprache

1. Setze jedes einzelne Wort der beiden Sätze in den jeweils anderen Numerus. 4 BE

   Salvete, amici! ______________________, ______________________!

   Pericula timetis. ____.

2. Übersetze ins Lateinische. 4 BE

   Quintus grüßt Flavia schon von weitem. Er erwartet nämlich schon die Freundin.

   Dann beeilt sie sich und tritt in die Villa ein.

   ____

   ____

   ____

3. Einer spielt falsch! Welche Form passt nicht in die Reihe? Gib sie an und begründe deine Entscheidung. 2 BE

   paro – pareo – timeo – ego – voco

   ____

Grundwissen

4. Fachausdruck-Check! Gib an, wie die jeweiligen lateinischen Fachbegriffe lauten. 2 BE

   Gegenwart = ____

   Anredefall = ____

Antike Kultur

5. Wofür steht die Abkürzung „C." im Namen von C. Iulius Caesar? 1 BE

   ____

6. Rechne die folgende Aufgabe mit römischen Zahlzeichen. 3 BE

   36 + 4 = 40 ____

7. Benenne die beiden mit einem Pfeil markierten Kleidungsstücke. 2 BE

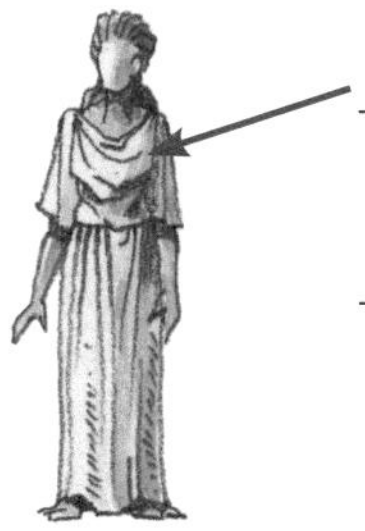

____

____

Gesamt: 18 BE

5 ## A) Übersetzung

bis Lektion 4

Beim Venusfest

1. Sol ardet et homines statuam[1] Veneris[2] iam diu exspectant.
2. Subito Marcus clamat: „Ecce, Venus[2], regina amoris, venit!“
3. Sed Iulia statuam[1] deae non videt et rogat: „Ubi apparet dea? Cur me incitas, amice?“
4. Marcus respondet: „Ibi servi et servae statuam[1] deae apportant et homines simulacrum salutare properant.“
5. Tandem Iulia gaudet et vocat: „Ave, Venus[2], spectaculum amoris valde placet. Nunc hic sto neque te salutare cesso.“ 64 LW

*1) **statua, -ae**: Statue 2) **Venus, Veneris**: Venus (Göttin)*

B) Aufgabenteil

SPRACHE

1. Frage genau ab und ergänze jeweils die richtigen Endungen. 4 BE

Marcus iam diu **sed**_____, nam **amic**_____ exspectat. Tandem Quintus et Flavia **appropinqu**_____ et **gaud**_____.

2. Mutter Latein und ihre Töchter: Gib zu den folgenden italienischen Wörtern das zugrunde liegende lateinische Wort an. 2 BE

uomo = ______________________

segno = ______________________

3. Substantiv gesucht! Gib zu den beiden Verben jeweils das verwandte Substantiv an. 2 BE

timere = ______________________

clamare = ______________________

4. Setze die angegebene Substantivform jeweils in den Genitiv Plural und den Akkusativ Plural. 2 BE

regina ▷ ______________________ ▷ ______________________

simulacrum ▷ ______________________ ▷ ______________________

▷ Grundwissen

5. Aus welchen drei Bestandteilen setzte sich der Name eines römischen Bürgers zusammen? Nach welchem Muster bekamen die Frauen ihre Namen? 2 BE

____

____

▷ Antike Kultur

6. Ergänze den folgenden Lückentext. 3 BE

Die großen Wagenrennen fanden in Rom im ______________________ statt. Diese Rennbahn fasste ca. ______________________ Zuschauer. Als Startsignal ließ der Kaiser ein ______________________ auf die Rennbahn fallen.

7. Bei der *pompa Circensis* vor dem Rennen wird u. a. auch die Statue der Göttin der Liebe an den Zuschauern vorbeigetragen. Wie lautet ihr lateinischer Name? 1 BE

____

8. Wie heißen die beiden abgebildeten Bauwerke? 2 BE

a) ______________________ b) ______________________

Gesamt: 18 BE

6
A) Übersetzung

bis Lektion 4

Begegnung mit dem Kaiser

1. Lepidus et Caecilia theatrum[1] intrant.
2. Ibi populus sedet, spectaculum videt.
3. Subito homines tacent; nam Hadrianus apparet.
4. Etiam Lepidus clamat: „Ave, imperator!“
5. Statim Hadrianus Lepidum vocat et iubet: „Tu nunc procurator[2] insulae Cretae es, Lepide! In Cretam cito navigas!“
6. Lepidus respondet: „Pareo; nam provinciam administrare placet.“
7. Sed Caecilia lacrimas non tenet.
8. Tum Lepidus matronam rogat: „Cur non gaudes? Pericula timere non debemus.“ 61 LW

*1) **theatrum, -i**: Theater 2) **procurator, -oris**: Verwalter*

B) Aufgabenteil

SPRACHE

1. Gib die deutschen Lehnwörter zu den lateinischen Wörtern an. 2 BE

   fenestra = ______________________________

   speculum = ______________________________

2. Übersetze ins Lateinische. 4 BE

   Die Freunde des Quintus beabsichtigen, die Schauspiele zu sehen und dort die Pferde anzufeuern. Lange erwarten sie die Konsuln und Senatoren.

   ____

   ____

3. Ordne die folgenden Substantive in die richtigen Zeilen ein. 4 BE

   nuntium – periculorum – servae – servos

Nominativ Singular	
Nominativ Plural	
Genitiv Singular	
Genitiv Plural	
Akkusativ Singular	
Akkusativ Plural	

Grundwissen

4. Gib die Satzgliedfunktion der beiden fett gedruckten Wörter an. 2 BE

Amici **nuntium rogant**.

____

____

Antike Kultur

5. a) Nenne die lateinischen Begriffe für die Räume, auf die ein Pfeil zeigt. 3 BE

____

____

____

b) Die Veranstaltungen im Circus Maximus boten den Zuschauern nicht nur die Wagenrennen selbst. Schildere kurz, was sich **vor** den Rennen ereignete. 2 BE

____

____

____

6. Der wievielte Ludwig war der französische König Ludwig XIV.? 1 BE

____

Gesamt: 18 BE

7 A) Übersetzung

bis Lektion 4

„Scheiden tut weh."

1. Familia in raeda[1] iam sedet. Sed Flavia stat et lacrimas non iam tenet.
2. Nam ardorem amoris sentit; clamat: „Non placet in Cretam navigare. Ego non pareo."
3. Quintus verba amicae audit et respondet: „Parentibus[2] parere debes. Ego etiam procul certe te cogito."
4. Subito matrona clamat: „Flavia, ubi es? Cur cessas?" Flavia: „Hic sum. Iam propero."
5. Tandem Flavia raedam[1] intrat. Tum servi equos incitant. 62 LW

*1) **in raeda**: im Reisewagen; **raeda, -ae**: Reisewagen 2) **parentibus**: den Eltern*

B) Aufgabenteil

Sprache

1. Übersetze ins Lateinische. 4 BE

Claudia, die Freundin des Quintus, liebt das Wiehern (das Geschrei) der Pferde und das Toben der Menschen. Lange erwartet sie das Zeichen des Kaisers.

____

____

____

2. Männlein oder Weiblein? Bestimme das Genus der folgenden Wörter. 2 BE

populum ▷ ______________ **verbum** ▷ ______________

reginae ▷ ______________ **furor** ▷ ______________

3. Vier der folgenden Wörter sind Substantive. Schreibe sie heraus. 4 BE

clamas – reginas – consulis – vides – timeo – amor – lacrimas – cogitas

______________ ______________

______________ ______________

Grundwissen

4. Gib die Wortart der folgenden Wörter an. 2 BE

in ▷ ______________ **valde** ▷ ______________

Antike Kultur

5. Archäologen haben eine Marmortafel gefunden, auf der nur noch die folgenden Teile von Wörtern zu erkennen waren.

QU RIG PINA MET

a) Ergänze die einzelnen Wörter und gib ihre deutsche Bedeutung an. 3 BE

____

____

b) In welchem antiken Bauwerk haben die Forscher die Tafel gefunden? 1 BE

____

6. Erkläre kurz den Unterschied zwischen einer Toga und einer Tunika. 2 BE

____

____

Gesamt: 18 BE

8 A) Übersetzung

bis Lektion 6

„Piraten greifen an!"

1. Flavius, pater Flaviae, provinciam novam imperatoris administrare debet.
2. Sola Flavia laeta non est; nam Quintum amicum cogitat et magna pericula timet.
3. Dum Flavii in insulam Cretam navigant, subito piratae procul apparent.
4. Cito navi appropinquant. Magnus est clamor hominum.
5. Clamant: „Piratae invadunt! Accurite, nautae! Auxilium date, dei!"
6. Sed fures nautas superant, multos homines necant, feminas maestas abducunt.
7. Piratae gaudent. Flavia diu tacet neque lacrimas tenet. 64 LW

B) Aufgabenteil

Sprache

1. Welche der angegebenen Verbformen gehören zur Konsonantischen Konjugation? 3 BE

videre – invadere – plaudere – ridere – respondere – solere – legere – tenere

______________ ______________ ______________

2. Verwandle die folgenden Formen in die jeweilige Dativform (beachte den Numerus). 2 BE

patronum ▷ ________________ **iudex** ▷ ________________

epistulas ▷ ________________ **noctes** ▷ ________________

3. Ergänze die fehlenden Endungen. 4 BE

Marcus et Flavia **patr**_____ valde amant. Itaque **patr**_____ semper parent. Ante **vill**_____ diu **lud**_____.

4. Auf welches lateinische Wort kann man das englische Verb *to applaude* zurückführen? 1 BE

____

▷ Grundwissen

5. Gib den Bedeutungsteil und den Signalteil (Endung) der folgenden Form an. 2 BE

	dicitis
Bedeutungsteil	
Signalteil	

▷ Antike Kultur

6. 

Eine antike Basilika war ein echter Mehrzweckbau. Gib drei Funktionen an, für die eine Basilika verwendet wurde. 3 BE

____

____

____

7. a) Ergänze den folgenden lateinischen Rechtsgrundsatz. 1 BE

in dubio ________________________

b) Erläutere, warum dieser Rechtsgrundsatz auch heute noch so wichtig ist. 2 BE

____

Gesamt: 18 BE

9 Übersetzung (ohne Zusatzaufgabe) — bis Lektion 9

Cäsars Rache

1. Dum Caesar in Graeciam navigat, subito multae naves piratarum appropinquant.
2. Caesar non cessat nautas magna voce incitare: „Defendite navem! Num fures timetis? Nonne viri robusti estis?"
3. Sed piratae Romanos superant, multos necant, Caesarem in servitutem abducunt.
4. Romae amici maesti Caesari auxilium dare student.
5. Itaque pecuniam[1] legunt et Caesarem e servitute redimunt[2].
6. Sed Caesar statim iterum piratas petere cogitat.
7. Amicos iubet: „Superate piratas, necate eos[3], praecipitate eos[3] in aquam!"
8. Verba Caesaris cunctis placent.
9. Ventis secundis nave ad piratas currunt, eos[3] gladiis petunt, eis[4] mortem parant.
10. Nunc Romani victores sunt. Et Caesar fortuna bona gaudet. 93 LW

*1) **pecunia, -ae**: Geld 2) **redimere**: freikaufen 3) **eos**: diese, sie 4) **eis**: diesen, ihnen*

10 Übersetzung (ohne Zusatzaufgabe) — bis Lektion 11

Orgetorix' Leben – einst und jetzt

1. Quondam Orgetorix[1] in terra libera liber vivebat.
2. In urbe pulchra Galliae natus erat.
3. Semper vitam iucundam agebat neque multum laborare desinebat.
4. Iam prima luce cum fratribus in agris esse solebat.
5. Vita Orgetorigis[1] voluptatibus non carebat, etsi aspera erat.
6. Sed nunc vitam miseram in servitute dura agit.
7. Orgetorix[1] enim gladiator[1] est. Itaque Colosseum horret.
8. Neque enim placet ibi alios viros gladio petere, aliis viris mortem parare.
9. Quam studet iterum vita libera gaudere!
10. Sed iam fortunam non aequam putat et de salute desperat. 81 LW

*1) **Orgetorix, -rigis**: Orgetorix* (ein Gallier)

11 A) Übersetzung — bis Lektion 7

Diebstahl in den Thermen

1. Hodie Quintus et Lucius ubique in urbe ambulant.
2. Tum Lucius rogat: „Amasne voluptates thermarum[1] novarum, Quinte?"
3. Quintus respondet: „Aqua ibi iucunda est."
4. Itaque thermas[1] intrant.
5. Lucius servo robusto vestimenta[1] dat et dicit: „Mane hic et defende fures!"
6. Sed servus, dum amici in aqua sunt, non semper attentus[2] est.

7. Subito fur accurrit, vestimenta[1] bella sumit, e thermis[1] properat.
8. Servus maestus est, Lucium timet. 62 LW

*1) **vestimentum, -i:** Kleidungsstück 2) **attentus, -a, -um:** aufmerksam*

B) Aufgabenteil

Sprache

1. Ablativ oder Imperativ? Ordne die folgenden Formen jeweils in die richtige Spalte ein und übersetze sie dann. 4 BE

voluptate – specta – ambulate – lacrima

Ablativ	Imperativ	Übersetzung

2. Setze die richtige Form des Adjektivs in Klammern zum Substantiv. 3 BE

(magnus, -a, -um) navium = ______________________

cum **(alius, -a, -ud)** consule = ______________________

iudicibus **(iucundus, -a, -um)** = ______________________

3. Übersetze die folgenden Befehle. 3 BE

Gib dem Senator das Geschenk! ______________________!

Verteidigt das Schiff und die Freunde! ______________________!

Grundwissen

4. Erkläre kurz den Begriff KNG-Kongruenz. 2 BE

____

____

____

Antike Kultur

5. Gib drei verschiedene Freizeitaktivitäten an, die ein Römer in den Thermen genießen konnte. Das Bild gibt dir Hinweise dazu. 3 BE

6. Erkläre kurz, warum Händler in der Antike für den Transport ihrer Waren den Wasserweg bevorzugten. 3 BE

Gesamt: 18 BE

12 A) Übersetzung

bis Lektion 7

Nicht jeder will nach Rom

1. Multi homines villas et forum Romae amant.
2. Etiam pater Marci cum familia Romam navigare cogitat.
3. Dum navem novam spectant, pater servos iubet: „Num dormitis? Nunc properate et accurite, servi! Nam ventus secundus est."
4. Sed Marcus iam diu magna pericula timet neque patri paret.
5. Pater filium[1] maestum sine clamore incitat: „Dic, Marce, quid est? Voluptates nos exspectant. Es laetus atque veni!"
6. Sed Marcus respondet: „Furor piratarum non placet, itaque hic maneo." 71 LW

*1) **filius, -i**: Sohn*

B) Aufgabenteil

Sprache

1. Ergänze im folgenden Satz die richtigen Endungen. 3 BE

   Pirat_____ in **magn_____ nav_____** appropinquant.

2. Vielseitiges -i: Ordne in die richtige Spalte der Tabelle ein. 3 BE

   iucundi – oratori – avi – audi – ibi – consuli

Imperativ	Genitiv	Dativ	Adverb

3. Einer passt nicht in die Reihe. Gib die jeweilige Vokabel an und begründe deine Entscheidung. 4 BE

   naviga – sume – sine – vide ______________________________

   feminas – spectas – necas – ambulas ______________________________

Grundwissen

4. Wozu gibt es eigentlich Indikativ und Imperativ? Erkläre kurz deren Funktion in Bezug auf die Aussage eines Satzes. 2 BE

Antike Kultur

5. Gib jeweils das lateinische Ursprungswort der fett gedruckten Fremdwörter an. 2 BE

   Am Ende des gewaltigen **Spektakels** gab es lang anhaltenden **Applaus**.

   Spektakel = ______________________________

   Applaus = ______________________________

6. Ergänze die Lücken mit den richtigen Begriffen. 4 BE

Quintus besucht mit seinen Freunden die Thermen. Nachdem sie die Kleider abgelegt haben, gehen sie zuerst in das ______________________, um sich zu reinigen. Natürlich haben sie ihre Holzpantinen anbehalten; denn im ______________________ ist der Fußboden sehr heiß. Heute gönnen sie sich auch eine Massage; deshalb begeben sie sich hinüber in das ______________________. Nach einer kurzen Ruhepause geht es in die ______________________; denn auch Bewegung trägt zur Erholung bei.

Gesamt:
18 BE

13 A) Übersetzung

bis Lektion 7

Quintus als Reiter

1. Quintus ad villam avi properat.
2. Ibi cum avo equos iucundos spectat.
3. Quintus avum rogare non cessat: „Nonne mihi[1] equum das?“
4. Avus preces[2] Quinti non cum ardore audit, sed paret et dicit: „Tene equum; nam cito currit.“
5. Equus Quintum laetum ad forum portat.
6. Ibi subito magnus clamor est; itaque equus timet, cessat, stat – et Quintus ad terram praecipitat.
7. Homines clamant. Statim medicus cum aliis accurrit et auxilium dare cogitat. 68 LW

*1) **mihi**: mir 2) **preces**: die Bitten (Akk.)*

B) Aufgabenteil

SPRACHE

1. Suche aus den folgenden Formen die Imperativformen heraus und übersetze sie. 2 BE

epistula – fuga – intra – voluptate – portate – administrat

Imperativ	Übersetzung

2. Erstelle ein Sachfeld mit Substantiven zum Thema „familia". Vier Substantive genügen. 4 BE

____

____

____

____

3. Ordne die vier lateinischen Wörter jeweils dem richtigen Fachbegriff zu. 4 BE

ride – amore – primo – iucundo

▷ Adjektiv: ______________________________

▷ Ablativ: ______________________________

▷ Adverb: ______________________________

▷ Imperativ: ______________________________

Grundwissen

4. Welche Funktion hat ein Adverbiale im Satz? 2 BE

____

____

Antike Kultur

5. Spanisch – mit Latein kein Problem! Gib in der Tabelle jeweils das lateinische Ursprungswort an. 3 BE

Spanisch	Latein
madre	
noche	
nuevo	

6. Zu einer guten Schulausbildung eines Römers gehörten drei Stufen der Schullaufbahn. Wie hießen die Lehrer jeder Stufe? Gib jeweils eine kurze Beschreibung dessen, was man dort lernte. 3 BE

____

____

____

Gesamt: 18 BE

14 A) Übersetzung

bis Lektion 9

Sklaven im Angebot

1. Hodie tota urbe magnus clamor est, quod cuncti laeti ad spectaculum currunt.
2. Dum servi fortuna maesti ex navibus veniunt, mango[1] magna voce clamat:
3. „Emite viros robustos sine vitiis! Quam belli sunt! Placentne?
4. In arena[1] armis pugnare student et alios gladio superant neque dura horrent.
5. Nonne vitam iucundam agunt?“
6. Etsi multi plaudunt, unus mangonem[1] magnis verbis asperis petit: „Num pulchrum est a prima luce ad noctem in servitute esse?“ 68 LW

1) mango, -onis: Sklavenhändler

B) Aufgabenteil

SPRACHE

1. Ergänze zu den Substantiven das passende Adjektiv in der korrekten Form. 3 BE

miser, -a, -um – bonus, -a, -um – iucundus, -a, -um

patri ______________________ **servitutem** ______________________

voluptates ______________________

2. Gegenteil gesucht! Gib das jeweilige lateinische Wort an. 3 BE

sinister = ______________________ **vita =** ______________________

sine = ______________________

3. Übersetze ins Lateinische. 4 BE

In der ganzen Stadt hoffen die unglücklichen Sklaven auf ein günstiges Schicksal.

Immer bemühen sie sich um ein angenehmes Leben.

____

____

____

Grundwissen

4. Erkläre kurz den Unterschied zwischen einer Konjunktion und einer Subjunktion. 2 BE

____

____

Antike Kultur

5. Du als alter Römer hast heute einen Gast aus dem wilden Germanien ins Kolosseum eingeladen. Beantworte ihm folgende Fragen: 3 BE

a) Eine „pompa" – was ist denn das?

____

b) Wie heißt der komische Kämpfer mit dem glatten Helm, der da hinter dem Netzkämpfer herrennt?

____

c) Wie viele Leute passen eigentlich in das Amphitheatrum Flavium?

____

6. In die Sklaverei konnte man in der Antike auf ganz verschiedene Art und Weise geraten. Nenne drei Möglichkeiten. 3 BE

____

____

Gesamt: 18 BE

15 A) Übersetzung

bis Lektion 9

Auf dem Sklavenmarkt

1. Prima luce homines in forum conveniunt.
2. Nam servos novos videre et mangonem[1] audire student.
3. Mango[1] magna voce clamat: „Venite et spectate!
4. Hic est Galla laeta. Nonne robusta est? Quod iam diu serva est, parere non cessat.
5. Ibi Flaviam miseram videtis. Bella est, sed maesta, quod Romae[2] domina fuit[2].
6. Nunc de fortuna cogitat et servitutem valde horret.
7. Placetne vobis matrona Romana?“
8. Aufidio feminae placent; itaque Gallam et Flaviam emit. 68 LW

*1) **mango, -onis**: Sklavenhändler 2) **Romae ... fuit**: sie in Rom ... gewesen ist*

B) Aufgabenteil

SPRACHE

1. Gib die KNG-Koordinaten von *miser* zu den aufgeführten Substantiven an (z. B. D 11). 3 BE

voluptatibus = ______________ victores = ______________

exempla = ______________ servitutis = ______________

vocum = ______________ mente = ______________

	A	B	C	
1	miser	misera	miserum	1
2	miseri	miserae	miseri	2
3	misero	miserae	misero	3
4	miserum	miseram	miserum	4
5	misero	misera	misero	5
6	miseri	miserae	misera	6
7	miserorum	miserarum	miserorum	7
8	miseris	miseris	miseris	8
9	miseros	miseras	misera	9
10	miseris	miseris	miseris	10
	A	B	C	

2. *cum* oder nicht *cum*, das ist hier die Frage. Übersetze folgende Wendungen. 3 BE

mit günstigem Wind = ______________________________

mit allen Freunden = ______________________________

3. Setze in den jeweiligen Kasus und Numerus. 4 BE

oculus pulcher ▷ Ablativ Plural = ______________________________

lux iucunda ▷ Genitiv Singular = ______________________________

servitus misera ▷ Dativ Singular = ______________________________

victor bonus ▷ Akkusativ Plural = ______________________________

Grundwissen

4. Wie entscheidet der Richter bei unklarer Rechtslage? Gib die lateinische Wendung an. 2 BE

____

Antike Kultur

5. Kreuze den richtigen lateinischen Begriff an. 3 BE

frigidarium	☐ Heißwasserbecken	☐ Schwitzbad	☐ Kaltwasserbecken
retiarius	☐ Schwertkämpfer	☐ Verfolger	☐ Netzkämpfer
rhetor	☐ Redelehrer	☐ Grundschullehrer	☐ Sportlehrer

6. Latein im Englischen: Gib das lateinische Wort an, in dem das englische seinen Ursprung hat. Nenne auch jeweils die deutsche Bedeutung. 3 BE

Englisch	Latein	Deutsche Bedeutung
example		
fortune		
voice		

Gesamt: 18 BE

16 A) Übersetzung

bis Lektion 10

Das Leben von Sklaven

1. Galla Flaviae vitam miseram servorum exponit, dum cenam parat.
2. „Quondam Romani populos liberos armis petere solebant, quod putabant: ‚Alii homines nati sunt, alii ad servitutem.'
3. Itaque patroni viros asperos, feminas pulchras, pueros iucundos emebant.
4. Saepe servi aspera agere debebant.
5. A prima luce ad noctem dominae servis labores duros imponebant.
6. Etsi philosophus[1] Romanus[1] cunctos homines aequos putat, servi et servae adhuc mortem miseram horrere debent." 64 LW

*1) **Romanus, -a, -um:** römisch*

B) Aufgabenteil

SPRACHE

1. Übersetze. Verwende für die Vergangenheitsformen das Imperfekt. 4 BE

   Viele Menschen erlegten einst den Sklaven große Mühen auf. So lebten sie in elender Sklaverei und waren nicht frei.

   ____

   ____

   ____

2. Verwandle die folgenden Präsensformen in die entsprechenden Imperfektformen. 3 BE

   additis ▷ Imperfekt = ______________________________

   est ▷ Imperfekt = ______________________________

   carent ▷ Imperfekt = ______________________________

3. Wortfamilien: Gib zu den Substantiven in a) und b) das „verwandte" Adjektiv, in c) das „verwandte" Verb an. 3 BE

   a) **mors** ▷ Adjektiv = ______________________________

   b) **humanitas** ▷ Adjektiv = ______________________________

   c) **vox** ▷ Verb = ______________________________

Grundwissen

4. Von Julius Cäsar haben unzählige Herrscher ihren „Titel“ abgeleitet. Wie lauten diese beiden Herrscherbezeichnungen? 2 BE

____

____

Antike Kultur

5. Wie lautet der Vorname von Julius Cäsar? 1 BE

____

6. Die Dame an der Kinokasse hat dir aus Versehen zu wenig Wechselgeld herausgegeben. Mit welcher bekannten lateinischen Redewendung könnte sie sich bei dir entschuldigen? 2 BE

____

7. Welche Funktionen erfüllten bei den Kelten die Druiden? Nenne drei verschiedene Aufgaben. 3 BE

____

____

____

Gesamt: 18 BE

17 Übersetzung (ohne Zusatzaufgabe) bis Lektion 13

Endlich wieder frei!

Flavia schreibt ihrer Freundin Aemilia einen Brief:

1. Flavia Aemiliae suae salutem dicit.
2. Certe magna cura te sollicitat, quod tam diu nihil de me cognovisti.
3. Sed nunc audi de sorte mea!
4. Piratae nos in mari alto invaserunt. Me abduxerunt et servam[1] Aufidio vendiderunt.
5. Servitudinem vix sustinui.
6. Tandem mihi licuit litteras ad Quintum scribere.
7. Is cum Domitio Nemausum[2] venit et Aufidium sic oravit:
8. „Cede mihi Flaviam puellam!“
9. Neque Aufidius id[3] negavit.
10. Quam gaudeo me nunc liberam esse!
11. Sed etiam tu vaca nunc curis!
12. Dei boni mihi auxilium dederunt.
13. Quinto autem amico licet me in patriam reducere.

Vale! 88 LW

1) Ergänze vor der Übersetzung von servam *„als“ 2)* **Nemausum**: *nach Nemausus 3)* **is, id**: *dieser, dieses*

18 Übersetzung (ohne Zusatzaufgabe) bis Lektion 13

Orpheus und Eurydike

1. Orpheus cum Eurydica vitam iucundam et piam agebat:
2. Se[1] amabant, vitiis vacabant, deos colebant.
3. Numquam eos curae durae sollicitaverant, numqam eos sors misera oppresserat.
4. Sed aliquando[2] Eurydica in agro ambulabat, cum subito pede[3] serpentem[4] tetigit; statim serpens[4] puellam necavit.
5. Orpheus, ubi mortuum Eurydicae corpus vidit, maestus erat et diu flebat.
6. Et dixit: „Sors aspera amicam in Tartarum[5] misit. Mihi non licet sine amica vivere.
7. Proinde tota vi amicam in vitam reducere studeo.“
8. Orpheus, quod Eurydicam amare non desierat et puellam servare statuerat, in Tartarum[5] descendit et ibi numina petivit.
9. Movitne Orpheus numina Tartari[5] precibus suis[6]? 95 LW

1) **se**: *sich 2)* **aliquando**: *einmal 3)* **pes, pedis**: *Fuß 4)* **serpens, -ntis**: *Schlange 5)* **Tartarus, -i**: *Unterwelt, Totenreich 6)* **suus, -a, -um**: *sein/ihr*

19 A) Übersetzung

bis Lektion 12

Angst um Flavia

1. Quintus fabulam Auli audivit, caput vertit, statuit oracula deorum de sorte Flaviae interrogare.
2. Et matri dixit: „Semper numina coluimus. Proinde amore deorum digni sumus."
3. Tum in urbem descendit et templum intravit et aram tetigit.
4. Oravit[1]: „Si licet te, Venus magna dea, precibus movere, praebe auxilium amicae piae!
5. Valde enim timeo. Flavia certe in magno periculo est.
6. Neque desperare desino. Si amica adhuc vivit, ede signum!"
7. Dum Quintus sacrificat, servus epistulam Flaviae apportat. 72 LW

*1) **orare**: beten, bitten*

B) Aufgabenteil

SPRACHE

1. Bist du perfekt in Perfekt-Bildung? Ordne die folgenden Formen jeweils in die richtige Spalte ein. 3 BE

   trahere – movere – tangere – edere – mittere – venire

s-Perfekt	Reduplikation	Dehnung

2. Gib zu folgenden Verben je ein verwandtes lateinisches Substantiv an (z. B. clamare ▷ Substantiv = clamor). 3 BE

   salutare ▷ Substantiv = ______

   vivere ▷ Substantiv = ______

   desperare ▷ Substantiv = ______

3. Übersetze ins Lateinische. 4 BE

   Die schönen Mädchen sind zum Tempel gelaufen *(Perfekt)* und haben sich bemüht *(Perfekt)*, die Götter zu bewegen.

   ______

   ______

   ______

Grundwissen

4. Erläutere kurz, worin sich Perfekt und Imperfekt in ihrer Verwendungsweise unterscheiden. 2 BE

____

____

Antike Kultur

5. Who is who im antiken Götterhimmel? Gib die lateinischen Namen der abgebildeten Götter an und erkläre, wofür sie jeweils „zuständig" sind. 4 BE

a) 

Name ____________________

Funktion ______________________________

b) 

Name ____________________

Funktion ______________________________

c) 

Name ____________________

Funktion ______________________________

d) 

Name ____________________

Funktion ______________________________

6. Du bist mit deinen Eltern im Urlaub in Griechenland und hilfst ihnen, den richtigen Weg zu finden. Auf zwei Straßenschildern findest du diese beiden Städtenamen. Um welche Städte handelt es sich? 2 BE

a) ΘΕΣΣΑΛΟΝΙΚΗ ______________________________

b) ΑΘΗΝΑΙ ______________________________

Gesamt: 18 BE

20 A) Übersetzung

bis Lektion 12

Phaethon

1. Adhuc iam multas fabulas ab Ovidio audivistis.
2. Legite etiam fabulam de sorte Phaethontis[1], filii Solis[2]!
3. Quondam filius ad patrem venit et sic dixit:
4. „Semper pius fui. Proinde audi preces! Iam diu currum[3] tuum[4] regere[5] studebam."
5. Profecto mentem patris tetigit. Pater autem dixit: „Bene age cum equis!"
6. Tum filius equos Solis[2] laetus incitavit, sed mox ei[6] currum[3] tenere non iam licebat.
7. Phaethon[1] subito in terram praecipitavit et cunctis hominibus fortunam miseram dedit. 71 LW

*1) **Phaethon, Phaethontis**: Phaethon 2) **Sol, Solis**: Sol* (Sonnengott) *3) **currum** (Akk. Sg.): den Wagen*

*4) **tuus, -a, -um**: dein 5) **regere**: lenken 6) **ei** (Dat.): ihm*

B) Aufgabenteil

SPRACHE

1. Verwandle die folgenden Präsensformen in die entsprechenden Perfektformen. 2 BE

tangit ▷ Perfekt = ______________________

vertunt ▷ Perfekt = ______________________

mittis ▷ Perfekt = ______________________

descenditis ▷ Perfekt = ______________________

2. Gib drei lateinische Substantive aus dem Wortfeld „der menschliche Körper" an.
Nenne sie im Nominativ Singular. 3 BE

______________ ______________ ______________

3. Vorsicht Fälschung! Ein Händler versucht, dir eine teilweise zerstörte Inschrift mit lateinischen Wörtern anzudrehen. Aufgrund deiner Lateinkenntnisse erkennst du aber sofort, dass vier der Formen falsch gebildet sind. Streiche die falschen Formen einfach durch. 2 BE

MOVITIS COLUIMUS CUCURRIT DESPERUI

VIXIT DESINUIMUS IGNORASIT FLEVERUNT

4. Latein im Englischen: Gib das lateinische Wort an, in dem das englische seinen Ursprung hat. Nenne jeweils auch die deutsche Bedeutung. 2 BE

Englisch	Latein	Deutsche Bedeutung
mountain		
desperate		

GRUNDWISSEN

5. Wie viele Arten der Perfekt-Bildung gibt es im Lateinischen? Gib sie mit dem entsprechenden Fachbegriff an (z. B. Perfekt-Bildung auf -q). 3 BE

____

____

ANTIKE KULTUR

6. Ein Grieche kommt auf Besuch ins antike Rom und bewundert die vielen Tempel auf dem Forum Romanum. Leider kennt er die Namen der lateinischen Gottheiten nicht. Hilf ihm, indem du ihm die griechischen Namen der folgenden Götter nennst. 2 BE

a) **Mercurius** = ______________________________

b) **Minerva** = ______________________________

c) **Iuppiter** = ______________________________

d) **Iuno** = ______________________________

7. Wie heißt die orakelspendende Dame auf dieser Abbildung? Im Namen welcher Gottheit verkündet sie ihre Sprüche? 2 BE

____

____

8. Ergänze den Lückentext mit den richtigen Begriffen. 2 BE

Die Römer nannten die Griechen oft ein wenig verächtlich ____________________.

Dabei hatten sie viel von der Kultur der Griechen übernommen: Kunst, Architektur, Philosophie ... Besonders bewunderten sie den berühmtesten griechischen Philosophen,

____________________.

Gesamt: 18 BE

21 A) Übersetzung

bis Lektion 13

Wie Galla zur Sklavin wurde

Galla erzählt:

1. Quondam una cum fratre in Gallia libera vivebam.
2. Quod viri agros bene colebant, vita curis vacabat.
3. Numquam homines barbari fueramus, numquam desieramus in aris sacrificare et precibus numina movere.
4. Aliquando[1] autem nocte nos iam somno[2] dederamus, cum subito Romani asperi nos oppresserunt.
5. Multos cives gladiis necaverunt, multos pueros et puellas in servitutem abduxerunt.
6. Ego valde flevi et matri miserae dixi: „Vale!"
7. Nam etiam me e patria abduxerunt et vendiderunt.
8. Nunc sortem duram sustineo. 73 LW

*1) **aliquando**: einmal 2) **somnus, -i**: Schlaf*

B) Aufgabenteil

Sprache

1. Übersetze ins Lateinische. 5 BE

   Zuerst hatten die Götter dem Mädchen das Leben gewährt. Weil Orpheus sich aber umdrehte (das Haupt gewendet hat, *Perfekt*), verweigerten *(Perfekt)* die Götter die Rettung des Mädchens.

   ____

   ____

   ____

2. Imperfekt sucht Plusquamperfekt: Verwandle die folgenden Formen jeweils in die entsprechende Form des Plusquamperfekts. 3 BE

   a) **vendebam** ▷ Plusquamperfekt = ____________________

   b) **reducebant** ▷ Plusquamperfekt = ____________________

   c) **sustinebatis** ▷ Plusquamperfekt = ____________________

3. Flavius unterhält sich mit Galla und Syrus, einem Mitsklaven. Ergänze die Lücken mit den Personal-Pronomina im richtigen Fall. 2 BE

_______________ sum liber, sed vos servi estis. Nonne _______________ servitus terret?

Nonne _______________ laborare placet? Neque _______________ labor placet ...

Grundwissen

4. Womit und worauf schrieb man in der Antike? Verwende jeweils die Fachbegriffe. 2 BE

____

____

Antike Kultur

5. *Veni, vidi, vici.*

Von wem stammt dieser Ausspruch? Erläutere kurz, was der Sprecher damit zum Ausdruck bringen wollte. 3 BE

____

____

6. Welche mythische Figur stellt diese Skulptur dar? 1 BE

____

7. Woher kommen die beiden fett gedruckten Fremdwörter? Gib das lateinische Ursprungswort (im Infinitiv Präsens) und die deutsche Bedeutung an. 2 BE

	Infinitiv Präsens	**Deutsche Bedeutung**
Mission		
Reduktion		

Gesamt:
18 BE

22 A) Übersetzung

bis Lektion 13

Von den Taten des Herkules

1. Certe vos asperos Herculis[1] labores iam legistis et cognovistis.
2. Quod Iuno dea numquam desierat Herculi[1] pericula parare, vir corpore robusto semper Eurystheo[2] regi parere debebat.
3. Primo rex Herculem[1] in Graeciam misit, ubi Hydra[3] vivebat et homines multis capitibus suis[4] terrebat.
4. Iam Hercules[1] monstrum[1] viderat, gladio petiverat, viribus necaverat, cum Eurystheus[2] alium laborem addidit et iussit:
5. „Proinde cede et apporta balteum[5] Hippolytae[6], pulchrum patris donum!"
6. Quamquam Hercules[1] cunctos labores duros putabat, numquam cessavit.
7. Precibus numina movit neque de salute desperavit. 79 LW

1) ***Hercules, -is:*** *Herkules* *2)* ***Eurystheus, -ei:*** *Eurystheus* (König von Argolis, einer Landschaft auf der Peloponnes) *3)* ***Hydra, -ae:*** *Hydra* (eine sagenhafte Schlange, deren zahlreiche Köpfe immer nachwuchsen, wenn man sie abschlug) *4)* ***suus, -a, -um:*** *sein/ihr* *5)* ***balteus, -i:*** *Gürtel* *6)* ***Hippolyta, -ae:*** *Hippolyte* (Königin der Amazonen)

B) Aufgabenteil

SPRACHE

1. Kopfrechnen! Verwandle die Formen wie angegeben. 3 BE

vendis ▷ Perfekt ▷ Plusquamperfekt ▷ Plural

__________ __________ __________

2. Männlein, Weiblein oder keines von beiden? Gib das Genus der folgenden Substantive mit dem jeweiligen Fachbegriff an. 3 BE

mens = __________ **mons** = __________ **mare** = __________

3. Setze jeweils das Personal-Pronomen in die entsprechende Pluralform. 2 BE

mecum ▷ __________ **tibi** ▷ __________

4. Einer passt nicht in die Reihe! Gib die Vokabel an und begründe deine Entscheidung. 2 BE

fueramus – eramus – reduxeramus – sollicitaveramus

____

Grundwissen

5. Gib von der folgenden Form das Tempus-Zeichen und das Person-Zeichen an. 2 BE

fuerat Tempus-Zeichen:________________ Person-Zeichen:________________

Antike Kultur

6. Nenne zu zwei der im folgenden Satz vorkommenden Fremdwörter das lateinische Ursprungswort und seine deutsche Bedeutung. 2 BE

Die Situation der Zivilbevölkerung kann nur als inhuman bezeichnet und nicht länger ignoriert werden.

____

____

7. Ordne die folgenden Aussagen den jeweiligen Personen aus dem Mythos zu (z. B. D ▷ 6). 3 BE

A) **Ikarus**

B) **Sisyphus**

C) **Europa**

1. Musste einen schweren Stein einen Berghang hinaufrollen.
2. War zehn Jahre unterwegs auf Irrfahrt.
3. Stürzte ab, weil er zu hoch geflogen war.
4. Wurde von einem Stier entführt.
5. Brachte dem Sohn das Fliegen bei.

A ▷ ________________ B ▷ ________________ C ▷ ________________

8. Wie hieß die Post bei den alten Römern? Gib den lateinischen Begriff an. 1 BE

____

Gesamt: 18 BE

23 A) Übersetzung

bis Lektion 13

Dädalus und Ikarus

1. Daedalus una cum Icaro filio captivus[1] in Creta vivebat, ubi rex Minos[2] Minotauro labyrinthum[1] exstruxerat[3]; sed ab insula decedere studuit.
2. Neque preces patris regem tetigerant.
3. Quamquam Daedalo per mare altum navigare non licebat, de salute non desperavit.
4. Nam cogitavit: „Certe mihi licet alia via nos in patriam reducere.“
5. Dum autem pater alas[4] parat, Icarus laetus iuxta[5] stabat, quod pericula non cognoverat.
6. Tum volabant[6]. Cretam iam procul viderant, cum Icarus verbis patris non iam paruit et soli appropinquavit.

7. Proinde ardore solis puer alis[4] caruit et in aquam praecipitavit.
8. Et pater corpus filii mortui in mari vidit. 95 LW

*1) **captivus**: als Gefangener 2) **Minos, Minois**: Minos* (König von Kreta) *3) **exstruere*** (Perf. ***exstruxi**): errichten, erbauen 4) **ala, -ae**: Flügel 5) **iuxta**: daneben 6) **volare**: fliegen*

B) Aufgabenteil

Sprache

1. Bestimme jeweils die Wortart der folgenden Wörter. Der Übersetzungstext kann dir dabei Hinweise liefern. 3 BE

procul ▷ ______________ **mihi** ▷ ______________

quamquam ▷ ______________

2. Wähle jeweils die richtige Übersetzung aus (z. B. IV ▷ D). 3 BE

I. Wir hatten mit den Freunden gespielt.
A) Cum amicis ludimus.
B) Cum amicis lusimus.
C) Cum amicis luseramus.

I. ▷______________

II. Wir haben mit dem Ball (pila, -ae) gespielt.
A) Cum pila ludimus.
B) Cum pila lusimus.
C) Pila lusimus.

II. ▷______________

III. Wir dachten über unser Schicksal nach.
A) De sorte cogitabamus.
B) De sorte cogitamus.
C) Sorte cogitabamus.

III. ▷______________

3. Plusquamperfekt gesucht! Verwandle die folgenden Imperfektformen jeweils in das Plusquamperfekt. 3 BE

cognoscebatis ▷ Plusquamperfekt = ______________

opprimebam ▷ Plusquamperfekt = ______________

sustinebant ▷ Plusquamperfekt = ______________

4. Erschließe mithilfe deiner Kenntnisse in der Wortbildungslehre die deutsche Bedeutung dieses Verbs: 1 BE

de-mittere = ______________________________

Grundwissen

5. Welchen Vorgang gibt das Tempus des Plusquamperfekts an? Erläutere in knappen Worten. 2 BE

____

____

Antike Kultur

6. Woher kommen die beiden fett gedruckten Fremdwörter? Gib das lateinische Ursprungswort und dessen deutsche Bedeutung an. 2 BE

Dass der Verein für die neue Saison keine **Lizenz** bekommen hat, **tangierte** dessen Manager überhaupt nicht.

____

____

7. Welche Person verbindest du mit folgenden Abbildungen? Ordne zu (z. B. C ▷ 6). 2 BE

1) Sokrates
2) Apollo
3) Dädalus
4) Europa
5) Sisyphus

A ▷ ______________

B ▷ ______________

A

____

B

____

8. Den ersten Satz des Übersetzungstextes hätten die Römer wohl so geschrieben:
DAEDALUSUNACUMICAROFILIOCAPTIVUSINCRETAVIVEBAT.
Wie bezeichnet man diese Art des fortlaufenden Schreibens? Mit welchem Schreibgerät hätte ein Römer diesen Text in sein Wachstäfelchen geritzt? Gib bei beiden Antworten den lateinischen Begriff an. 2 BE

____________________ ____________________

Gesamt:
18 BE

24 A) Übersetzungsaufgabe

bis Lektion 14

Quintus in Sorge

1. Quintum magnae curae sollicitabant; in epistula enim legerat Flaviam in Gallia servam esse.
2. Cito Quintus paterque ex urbe Roma decesserunt, quod Flaviam servare statuerant.
3. In oppido Ostia cuncti magistri[1] navium negaverunt se in Galliam navigare.
4. Pater ventos esse adversos et tempestates semper naves frangere sciebat.
5. Sed pater Quinto dixit: „Iter in Galliam longum esse scio, sed nos Flaviam in patriam reducere debemus.
6. Sortem enim servarum miseram esse scimus.“ 68 LW

*1) **magistri** (hier): Kapitäne*

B) Aufgabenteil

SPRACHE

1. Ergänze im folgenden Satz die fehlenden Endungen. 5 BE

   Quintus vidit **noct**______ iam **appropinqu**______.

   Scit in villa **cen**______ **bon**______ iam **parat**______ esse.

2. Translate into Latin! 3 BE

   He sees him coming. ____________________.

3. Genau das Gegenteil! Gib zu den folgenden Wörtern jeweils das lateinische Wort an, das das Gegenteil bedeutet. 2 BE

   ignorare ▷ Gegenteil = ____________________

   secundus, -a, -um ▷ Gegenteil = ____________________

Grundwissen

4. Gib an, nach welchen Verben im Lateinischen eine AcI-Konstruktion folgt (z. B. Verben des Sagens). 2 BE

____

____

Antike Kultur

5. Capito? Auf welche lateinischen Wörter sind die unterstrichenen italienischen zurückzuführen? Gib jeweils auch die deutsche Bedeutung an. 2 BE

	Lateinisches Ursprungswort	Deutsche Bedeutung
Il bar è aperto.		
la via lunga		

6. Für Quintus war die Reise manchmal ganz schön lang(weilig). Woran konnte er erkennen, wie weit es noch bis zur nächsten Poststation war? Auf welcher Straße könnte er nach Gallien unterwegs gewesen sein? Gib die lateinische Bezeichnung an. 2 BE

____

____

____

____

7. Welche Vorteile boten die ausgebauten römischen Straßen im Vergleich zu „normalen" Wegen? Die Abbildung kann dir bei deiner Antwort Hinweise geben. 2 BE

____

____

____

Gesamt: 18 BE

25 Übersetzung (ohne Zusatzaufgabe) bis Lektion 18

Calvus über die Provinz Rätien

1. Quintus ad Calvum accesserat. Eum rogavit:
2. „Quando mihi de Raetia narrabis? Omnia a te comperiam."
3. Calvus, quod Quinto favebat, omnia, quae de provincia compererat, sic disseruit:
4. „Certe scis vires egregias imperatoris Augusti Alpes[1] ingentes transisse.
5. Iter longum et difficile fuit.
6. Saepe Romani, qui labores belli sustinere solebant, prima luce surgere et hostes[2] defendere debebant.
7. Postremo in sedes civitatum alienarum venerunt.
8. Mox milites[3] nostri vias, pontes oppidaque in provincia exstruxerunt.
9. Quamquam caelum Raetiae asperum est et magni imbres[4] cadunt, tamen ibi multos annos vixi et mox eo[5] redibo." 87 LW

1) ***Alpes, -ium**: die Alpen* 2) ***hostis, -is**: Feind* 3) ***miles, militis**: Soldat* 4) ***imber, -bris**: Regen, Regenguss* 5) ***eo**: dorthin*

26 Übersetzung (ohne Zusatzaufgabe) bis Lektion 19

Der Ariadnefaden

1. Quondam bellum erat inter Athenienses[1] et Minoem[2], regem Cretae, qui cognoverat filium suum in Attica[3] perisse.
2. Mox Minos[2] eos superavit et iussit: „Mittite quotannis[4] iuvenes et virgines, quos Minotauro[5] sacrificabo.
3. Nisi voluntati meae parueritis, vobis servitutem duram imponam!"
4. Postremo etiam Theseus[6], filius Aegei regis, in numero eorum erat, quos Athenienses[1] in Cretam mittere debebant.
5. Neque Theseus[6] timuit; nam monstrum[!], cui corpus hominis et caput tauri[7] erat, tollere studebat.
6. In Cretam navigavit, labyrinthum[!] intravit, monstrum[!] aspexit, viribus suis superavit.
7. Quamquam ante eum nemo e labyrintho[!] ex-ierat, tamen Theseus[6] rediit seque servavit.
8. Apparet Ariadnam[8], filiam Minois[2], ei auxilium per filum[9] dedisse, quod eum valde amavit. 103 LW

1) ***Athenienses, -ium**: die Athener* 2) ***Minos, -ois**: Minos* (König von Kreta) 3) ***Attica, -ae**: Attica* (Landschaft um Athen) 4) ***quotannis**: alljährlich* 5) ***Minotaurus, -i**: Minotaurus* (ein sagenhaftes Wesen) 6) ***Theseus, -ei**: Theseus* (Sohn des Königs Aegeus von Athen) 7) ***taurus, -i**: Stier* 8) ***Ariadna, -ae**: Ariadne* 9) ***filum, -i**: Faden*

27 A) Übersetzung

bis Lektion 16

Rom und die Römer

Quintus berichtet:

1. Magister nobis narravit omnes Romanos deos coluisse, pro salute sua multa sacrificavisse, in urbe templa[1] pulchra exstruxisse.
2. Sed quod Romanos etiam populos liberos oppressisse et multos homines servitutem Romanorum sustinuisse legeramus, eos non semper se bonos praebuisse sciebamus.
3. Unus ex amicis quaesivit: „Cum quo per urbem Romam ambulabimus? Quis nobis vias et fora urbis et omnia de Augusto explanabit?“
4. Alius respondit: „Flavius et frater eius vos ducent.
5. Tum etiam multa de imperatoribus, deinde omnia de capite Romanorum comperietis.“ 78 LW

B) Aufgabenteil

SPRACHE

1. Für AcI-Experten: Kreuze die richtige Übersetzung an. 1 BE

   Wir wissen, dass Herkules viele Mühen auf sich genommen hat.

   ☐ Scimus Herculem multos labores sustinuisse.

   ☐ Scimus Herculem multum laborem sustinuisse.

   ☐ Scimus Herculem multos labores sustinere.

2. Ersetze jedes fett gedruckte Nomen durch „sein“ jeweiliges Personal-Pronomen. 3 BE

   Quintus[1] **Lucio**[2] narrat se una cum **Domitio**[3] in Gallia fuisse. Ibi Flaviam, servam **Aufidii**[4], liberavit. Gratia **Flaviae**[5] magna fuit. Tum **amicos**[6] Romae vidit.

1	2	3
4	5	6

3. Abkürzung! Ersetze die Formen von *longus* durch die entsprechenden Formen von *brevis*. 2 BE

   iter longum ▷ ____________ **itinerum longorum** ▷ ____________

   itinere longo ▷ ____________ **itinera longa** ▷ ____________

4. Verwandle die folgenden Sätze in AcI-Konstruktionen. 4 BE

   a) Quintus narrat: Romam navigavi.

   ▷ Quintus ______________________________ narrat.

b) Dicit: Iter longum non fuit.

▷ Iter ______________________________ dicit.

Grundwissen

5. Bei einem Opfer leitete die Römer der Gedanke: *Do, ut des*. Erläutere kurz die Bedeutung dieses Spruches. 2 BE

____

____

Antike Kultur

6. Im Nationalmuseum von Neapel stehen die Touristen etwas ratlos vor dem Bild dieses römischen Ehepaars. Erkläre ihnen, was die Frau in ihren Händen hält. Verwende die lateinischen Begriffe. 2 BE

7. Du gehst ein paar Schritte weiter und hörst zu, was ein Reiseführer seiner Gruppe zum Thema „Troianischer Krieg“ erzählt. Dabei stellst du fest, dass er im Eifer des Gefechts einiges durcheinandergebracht hat. Bessere die drei enthaltenen Fehler aus. 3 BE

„... Zeus hatte vorgeschlagen, den Hirten Paris entscheiden zu lassen, welche der drei Göttinnen Athene, Hera und Aphrodite die schönste sei. Der entscheidet, dass Athene die schönste sei, und erhält dafür Helena, die schönste Frau der Welt, als Belohnung. Weil diese bereits mit Agamemnon verheiratet ist, entführt Paris Helena nach Troia. Die Griechen segeln daraufhin mit einer riesigen Flotte nach Troia und belagern die Stadt zehn Jahre lang. Schließlich ersinnt Achilles die List mit dem hölzernen Pferd und die Griechen können die Stadt erobern ...“

____

____

8. Erkläre kurz, welche Aufgabe ein Haruspex hatte. 1 BE

____

____

Gesamt: 18 BE

28 A) Übersetzung

bis Lektion 18

Die Germanen

1. Hodie multa de moribus egregiis et de ingenti Germanorum virtute[1] audietis.
2. Quamquam Romani imperium ingens habebant, tamen pericula, quae a Germanis erant, valde timebant.
3. Quis ignorabit magnam virorum Romanorum vim sub imperatore Augusto in bello Germanorum cecidisse et perisse?
4. Romani iam diu cognoverant Germanos semper summis viribus bella agere.
5. Itaque brevi tempore limitem[2] exstruxerunt, quo patriam suam defendebant.
6. Tamen numerus eorum Germanorum, qui Danuvium[3] transierant neque domum redierant, crevit, quod eis ad limitem[2] considere licebat.
7. Certe scietis Germanos numina, quorum auxilio alienos superabant, coluisse eisque in aris sacrificavisse. 88 LW

*1) **virtus, -utis:** Tugend, Tapferkeit 2) **limes, limitis:** Limes (Grenzwall) 3) **Danuvius, -i:** Donau*

B) Aufgabenteil

SPRACHE

1. Ein Buchstabe genügt, um die folgenden Formen jeweils ins Futur zu setzen. Verwandle also ins Futur. 2 BE

cenabatis ▷ Futur = ____________ **erant** ▷ Futur = ____________

disseris ▷ Futur = ____________ **exercebas** ▷ Futur = ____________

2. Vervollständige die Tabelle, indem du die richtige Form des jeweiligen Verbs einsetzt. 3 BE

Präsens	Perfekt	Futur
		ero
	transiit	
prohibetis		

3. Stelle vier lateinische Substantive zum Wortfeld „Stadt“ zusammen. 2 BE

Stadt

4. Ergänze das Relativ-Pronomen jeweils im richtigen Kasus, Numerus und Genus. 3 BE

Senator de provincia, ______________ administrat, narrat.

Senator de deis, ______________ Germani sacrificant, narrat.

Senator de imperatore, ______________ cuncti Romani amant, narrat.

Grundwissen

5. Erkläre in knappen Worten die Funktion a) eines Relativ-Pronomens und b) eines Demonstrativ-Pronomens. 2 BE

a) ______________________________

b) ______________________________

Antike Kultur

6. Wie heißen die folgenden Römerstädte heute? 2 BE

Mogontiacum = ______________________________

Castra Regina = ______________________________

7. Bei einem Besuch in Rom stößt du auf folgende Inschrift:

K. IANUAR. IMPERATOR TRAIANUS FORUM SUUM
ET BASILICAM ULPIAM EXSTRUXIT

Gib den Inhalt der Inschrift in eigenen Worten wieder. Wo im heutigen Rom findest du sie? 2 BE

8. Auf welche berühmte Verteidigungsanlage, die auch Teil des Weltkulturerbes ist, schleichen die beiden Germanen zu? Wer ließ sie erbauen? 2 BE

____

____

Gesamt: 18 BE

29 A) Übersetzung

bis Lektion 18

Äneas, Roms Stammvater

1. Graecos dolo[1] Troianos superavisse audivimus.
2. Dum Troiani dormiunt, Graeci equum ligneum[2] ante urbem exstruxerunt.
3. Troiani eum via recta in urbem traxerunt. Sed Graeci in patriam non redierant.
4. Troiani, qui modo voces novas audiebant, statim Aeneae narraverunt numerum Graecorum ex equo descendisse.
5. Iuvenis autem cum patre et filio ex urbe, quam Graeci opprimere studebant, cucurrit.
6. Post tempus breve verba patris audivit: „Nunc sortem populi tui comperies.
7. Posteri[3] in Italia urbem claram condent[4]. Ea caput omnium terrarum erit.“ 76 LW

*1) **dolus, -i**: List 2) **ligneus, -a, -um**: hölzern, aus Holz 3) **posteri, -orum**: die Nachkommen 4) **condere, condo, condidi**: gründen*

B) Aufgabenteil

SPRACHE

1. *Quae* x 4: Gib jeweils den Kasus, Numerus und das Genus des Relativ-Pronomens *quae* an. 2 BE

   a) Viam, **quae** Romam ducit, Viam Appiam appellamus.

   ____

   b) Ibi sunt monumenta, **quae** omnibus hominibus placent.

   ____

   c) Inter ea sunt templa[1], **quae** Etrusci exstruxerunt.

   ____

   d) Sed etiam villas, **quae** pulchrae sunt, ibi videtis.

   ____

2. Verwandle die folgenden Formen von *ire* jeweils ins Plusquamperfekt und Futur. 2 BE

	Plusquamperfekt	Futur
is		
eunt		

3. Was steht in diesen italienischen Sätzen? Weise jedem Satz die richtige deutsche Umschreibung zu, deine Lateinkenntnisse helfen dir dabei (z. B. D ▷ 7). 3 BE

A) Quando viene il tuo amico?
B) Non è vero!
C) È molto difficile!

1) Ist doch ganz leicht!
2) Das ist wahr!
3) Wann kommt eigentlich dein Bruder?
4) Um wie viel Uhr kommt dein Freund?
5) Ganz schön kompliziert!
6) Das darf doch nicht wahr sein!

A ▷ ________ B ▷ ________ C ▷ ________

4. Ersetze die Substantivformen in Klammern durch die entsprechende Form von *is, ea, id.* 3 BE

Dominus (**servis**) multos labores imposuit. ____________________

Quintus (**amicum**) procul vidit. ____________________

Quintus in villa (**amici**) vivit. ____________________

Grundwissen

5. Wie du weißt, musste sich Paris einst bei einem „göttlichen" Schönheitswettbewerb entscheiden, welche von drei Göttinnen die schönste sei. Um welche drei Göttinnen handelte es sich dabei? Was übergab Paris der schönsten als Zeichen ihres Sieges? 2 BE

____

____

Antike Kultur

6. Latein im Englischen: Gib das lateinische Wort an, in dem das fett gedruckte englische seinen Ursprung hat. Nenne auch jeweils die deutsche Bedeutung. 2 BE

It's a great **honour** for me to **have** such a great number of friends.

____________________ ____________________

7. Wie heißt die folgende in Deutschland gelegene Römerstadt heute? 1 BE

Confluentes = ______________________________

8. Du kennst das antike Rom wie deine Westentasche? Dann kannst du sicher die Namen der folgenden Gebäude angeben. 3 BE

____

____

____

Gesamt: 18 BE

30 A) Übersetzung

bis Lektion 19

Flavia als Fremdenführerin

1. Flavia epistulam legit, qua comperit hodie e provincia hospites alienos venire.
2. Hospitibus, quos pater ante tempus breve invitavit, Romam explanare vult.
3. Proinde secum cogitat: „Quo eos primo ducam? Fortasse ad forum Traiani?
4. Certe eis narrabo Aeneam, qui quondam e Troia ex-ierat, suis in Italia sedes novas dedisse.“
5. Tum explanat: „Quod imperium Romanum multis bellis bene creverat, Romani ingentia monumenta operaque exstruxerunt.“
6. Flavia se ducem[1] egregiam praebet; proinde cuncti ei gratias agunt promittuntque se mox e provincia Romam redire velle. 79 LW

1) ***dux, ducis***: *Führer, Führerin*

B) Aufgabenteil

SPRACHE

1. Erschließe mithilfe deiner Kenntnisse in der Wortbildung die deutsche Bedeutung folgender Komposita von *ire*. 2 BE

   ex-ire = ____________________ **ad**-ire = ____________________

2. Familienbande: Gib zu den folgenden Substantiven je ein verwandtes lateinisches Verb im Infinitiv Präsens an (z. B. amor ▷ amare). 2 BE

   imperium ▷ Verb = ____________________

   iudex ▷ Verb = ____________________

3. Aus zwei mach eins: Bilde aus zwei Sätzen jeweils einen Satz, indem du den zweiten in einen AcI verwandelst. 4 BE

   Apparet: Quintus de nuptiis tacere vult.

   ____

   Quintus enim putat: Numquam uxorem ducere volo.

   ____

4. Welches Pronomen musst du in welcher Form einsetzen? Kreise ein. 2 BE

   ei – eum – eorum – eos – se – id – eam – eas

   Sie erzählt, dass **sie** Flavia befreit haben.

   ei – eum – eorum – eos – se – id – eam – eas

   Sie erzählt, dass **sie** Flavia befreit hat.

GRUNDWISSEN

5. Erläutere kurz, inwiefern die Vestalinnen in der römischen Gesellschaft eine besondere Stellung einnahmen. 2 BE

   ____

   ____

   ____

Antike Kultur

6. Latein im Englischen: Gib das lateinische Wort an, in dem das fett gedruckte englische seinen Ursprung hat. Nenne jeweils auch die deutsche Bedeutung. 2 BE

   Please open your books at **exercise number** three.

   ____

   ____

7. Erkläre den Begriff „Romanisierung". Gib zwei Beispiele an, in denen sich die Romanisierung noch heute für dich persönlich auswirkt. 3 BE

   ____

   ____

   ____

8. Bei den Römern war eine Fischsauce äußerst beliebt, die sie, wie wir heute den Ketchup, sehr gerne zum Essen verwenden. Wie hieß dieser „antike Ketchup"? 1 BE

   ____

Mosaik einer Amphore für Fischsauce

Gesamt: 18 BE

31 A) Übersetzung

bis Lektion 19

Germanen – Römerfreunde?

1. Marcus omnia de Germania comperire vult. Itaque in animo habet ad patruum[1] Flaviae ire, qui provinciam Raetiam administravit.
2. Calvus: „Quid scire vis, Marce?"
3. Marcus: „Narra mihi de moribus Germanorum! Multi Germanos timent; nam eos barbaros esse putant."
4. Calvus: „Nullum periculum a Germanis est. Ii, qui diu hostes populi Romani erant, nunc auxilio deorum amici nostri sunt. Patriam nostram non iam opprimere volent."
5. Marcus: „Gaudeo deos Romanis favisse et preces nostras audivisse. Proinde deorum auxilium orare numquam desinam." 77 LW

*1) **patruus, -i**: Onkel*

B) Aufgabenteil

Sprache

1. Wer hat, der hat! Bilde aus den folgenden Bestandteilen einen korrekten lateinischen Satz mit dem Dativ des Besitzers. 1 BE

   senator – sunt – duo equi = ______________________________

2. Bestimme die Tempora der Verbformen, indem du das jeweils richtige Tempus unterstreichst. 2 BE

   destinavero Präsens – Imperfekt – Futur I – Perfekt – Plusquamperfekt – Futur II

   noluisti Präsens – Imperfekt – Futur I – Perfekt – Plusquamperfekt – Futur II

   laeseramus Präsens – Imperfekt – Futur I – Perfekt – Plusquamperfekt – Futur II

   nesciet Präsens – Imperfekt – Futur I – Perfekt – Plusquamperfekt – Futur II

3. Kopfrechnen! Verwandle in die jeweils geforderte Zeit. 3 BE

   vis ▷ Perfekt ▷ Futur ▷ Imperfekt

   ______________ ______________ ______________

   itis ▷ Imperfekt ▷ Plusquamperfekt ▷ Futur

   ______________ ______________ ______________

4. Übersetze ins Lateinische. 4 BE

   Wir wissen, dass Hannibal gewaltige Berge überschritten hat. Obwohl der Weg lang war, wollte er auf direktem Weg nach Rom gehen.

   ____

   ____

Grundwissen

5. Du hast in einem Satz sowohl ein Verb im Futur I wie im Futur II. Erkläre kurz, in welchem Verhältnis die beiden zueinander stehen. 2 BE

   ____

   ____

Antike Kultur

6. Du bist ein römischer Städteplaner und hast den Auftrag bekommen, in Germanien eine neue Stadt zu bauen. Welche wichtigen Gesichtspunkte berücksichtigst du bei der Anlage der Stadt? Die Abbildung kann dir bei der Planung helfen. 3 BE

____

____

____

7. Ergänze die Lücken. 3 BE

Durch die List des ____________________ wurde die Stadt Troia von den Griechen eingenommen und zerstört. Daraufhin floh der Königssohn Äneas auf den Rat seiner Mutter ____________________ hin an die Küste Latiums in Italien. Dort nahm ihn der König ____________________ gastfreundlich auf und gab ihm sogar seine Tochter Lavinia zur Frau.

Gesamt:
18 BE

32 ## A) Übersetzung

bis Lektion 19

Gute Freunde, Maus und Elefant!

1. Ad murem[1] nuntius venerat, qui epistulam tradidit. Frater muris[1] scripsit:
2. „Te ad nuptias meas invito. Puto enim sortem mihi virginem idoneam destinavisse. Cum ea sola vitam longam agere volo."
3. Statim mus[1] ad elephantum[2], magnum amicum, cucurrit et dixit: „I mecum, quaeso!"
4. Sed iter difficile erat, quod sol valde ardebat.
5. Dum iam de salute desperant, elephantus[2] dixit: „Si ardor creverit, mox peribimus.
6. Itaque id consilium utile esse censeo: Accede in umbram[3] meam! Sic ardorem melius[4] sustinebis."
7. Tum mus[1]: „Et post unam horam ego tibi umbram[3] meam praebere potero." 87 LW

*1) **mus, muris**: Maus 2) **elephantus, -i**: Elefant 3) **umbra, -ae**: Schatten 4) **melius**: besser*

B) Aufgabenteil

SPRACHE

1. Übersetze ins Lateinische. 4 BE

   Wer weiß nicht, dass (!) die Römer in den Zeiten des Augustus die Alpen *(Alpes, -ium)* überschritten haben? Das Siedlungsgebiet der Germanen, das sie überfallen hatten, nannten sie Raetien (Raetia, -ae).

   ____

   ____

   ____

2. Ergänze die richtige Form von *nullus* bzw. *unus*. 2 BE

   amico (**nullus**) ▷ amico ______________________________

   consulis (**unus**) ▷ consulis ______________________________

3. Übersetze den folgenden Ausdruck mit einem zusammengesetzten deutschen Substantiv (z. B. amor patriae ▷ Vaterlandsliebe). 1 BE

   vis corporis ▷ Substantiv = ______________________________

4. Ergänze die richtigen Formen von *unus, duo, tres*. 3 BE

Cum ______________ (**duo**) amicis ambulabam.

Vocem ______________ (**tres**) amicorum audivi.

______________ (**unus**) amico librum ostendo.

▷ Grundwissen

5. Erläutere anhand des folgenden Satzes drei Besonderheiten bezüglich der Verwendung und Übersetzung des Futur II. 3 BE

Si nos invitaveritis, veniemus.

____

____

____

▷ Antike Kultur

6. Latein für „Besserwisser“: Gib die richtige Antwort mithilfe des passenden lateinischen Sprichworts. Ordne zu (z. B. C ▷ 6). 2 BE

A: Deine Mannschaft hat ein Fußballspiel 5 : 0 gewonnen. Nach dem Spiel zeigen sich einige Spieler der gegnerischen Mannschaft als schlechte Verlierer und behaupten, ihr hättet nur durch Foulspiel und mithilfe des Schiedsrichters gewonnen. Was antwortest du?

B: Heute ist Latein-Klassenarbeit! Deine Mutter erinnert dich am Morgen daran, das Lateinbuch einzupacken. Da du gut vorbereitet bist, steckst du das Buch nicht ein, sondern antwortest schlagfertig.

1 ORA ET LABORA!

2 MULTUM, NON MULTA

3 OMNIA MEA MECUM PORTO.

4 VOX POPULI VOX DEI

5 VAE VICTIS!

A ▷ __________ B ▷ __________

7. Die nebenstehende Abbildung zeigt die Eheschließung eines römischen Paares. Schildere kurz die wichtigsten Elemente einer solchen Hochzeitszeremonie. 3 BE

Gesamt: 18 BE

Bildquellenverzeichnis

Seite 10: (1) Hans Dietrich Unger, Bad Brückenau; (2) mauritius-images. **Seite 15:** akg-images/Peter Connolly. **Seite 18:** akg-images. **Seite 22:** Hans Dietrich Unger, Bad Brückenau. **Seite 32:** Bildarchiv Preussischer Kulturbesitz. **Seite 34:** Skulptur: Bernd Stöcker; Foto: Jens Weber. **Seite 35:** akg-images/ Erich Lessing. **Seite 38:** (1) Sajtinac Borislav, München; (2) Interfoto/Alinari. **Seite 40:** look-foto. **Seite 43:** Interfoto/Alinari. **Seite 46:** C. Nebel, Saalburgmuseum. **Seite 48:** akg-images: (1) Bildarchiv Monheim; (2) Andrea Jemolo; (3) Pirozzi. **Seite 50:** aus: Homo Faber. Natura, scienza e tecnica nell'antica Pompei. Electa, Milano 1999. **Seite 52:** Rhein. Landesmuseum (Thomas Zühmer, Herman Thörnig). **Seite 55:** British Museum, London.

Trotz entsprechender Bemühungen ist es nicht in allen Fällen gelungen, den Rechtsinhaber ausfindig zu machen. Gegen Nachweis der Rechte zahlt der Verlag für die Abdruckerlaubnis die gesetzlich geschuldete Vergütung.